Graham Jeffery

Typisch Barnabas

BRUNNEN
VERLAG GIESSEN · BASEL

ABCteam-Bücher erscheinen in folgenden Verlagen:
Aussaat Verlag Neukirchen-Vluyn
R. Brockhaus Verlag Wuppertal und Zürich
Brunnen Verlag Gießen und Basel
Christliches Verlagshaus Stuttgart
Oncken Verlag Wuppertal und Kassel

Titel der englischen Originalausgabe:
The Barnabas Book

Aus dem Englischen von Eva-Maria Busch

2. Auflage 2001

Umschlaggestaltung: Ralf Simon
Herstellung: Ebner Ulm
ISBN 3-7655-3693-8

Typisch Barnabas

Barnabas meint es wirklich ernst mit seinem Glauben. Doch die Tücke des Alltags und sein altes Ego stellen ihn immer wieder einmal vor schwierige Probleme.

Seine Erlebnisse, von Graham Jeffery in 40 Bildergeschichten liebevoll illustriert, haben jeweils einen Vers aus der Bibel zum Thema. Der originelle Blickwinkel und die überraschende Anwendung der Geschichten sorgen dafür, daß man die Pointe so schnell nicht vergisst.

Allgemein menschliche Unvollkommenheiten, wie sie sich – oft schön getarnt – auch im Leben des Christen finden: hier werden sie liebevoll und mit Humor aufgespießt. Man schmunzelt und fühlt sich entlarvt: Barnabas steckt in jedem von uns ...

Glückliche Reise!

Abraham zog aus und wußte nicht,
wo er hinkäme.

Hebräer 11,8

WAS WIRD AUS MEINER FAMILIE? DU WIRST DOCH NICHT VERLANGEN, DASS SIE ALLE ZELTE ABBRECHEN UND IN IHREM ALTER NOCH UMZIEHEN?
HAST DU NICHT MEHR GEPÄCK DABEI ALS NÖTIG?

Die Sache hat nur einen Haken

Du sollst ein Vater vieler Völker werden.

1. Mose 17,4

... SCHON GUT, HERR!
WAS SAGST DU, SARA? ES IST EIN JUNGE?
HÖRST DU MICH, HERR! HIER SPRICHT DER VATER VIELER VÖLKER!

Zarte Bande

Eine verständige Ehefrau
kommt vom Herrn.
Sprüche 19,14

KANN ICH BITTE EIN GLAS WASSER BEKOMMEN?
SELBSTVERSTÄNDLICH! – HABEN DEINE KAMELE AUCH DURST?
ICH HÄTTE NIE GEDACHT, DASS ICH MAL EIN MÄDCHEN HEIRATE, DAS FÜR KAMELE SCHWÄRMT...

Ganz schön demütig

Alle aber miteinander
haltet fest an der Demut.
1. Petrus 5,5

ICH SAGTE:
ICH LEIDE IM STILLEN!
5
6
JETZT HABE ICH ZUSÄTZLICHES HERZELEID!
WEIL KEINER BEMERKT, WIE GEDULDIG UND DEMÜTIG ICH BIN.
7

Rache ist süß ...

Es möge Friede sein in deinen Mauern ...
Psalm 122,7

DANN WÜRDE SICH NICHT VIEL ÄNDERN, MEIN SOHN...
NEIN, HERR, WAHRSCHEINLICH NICHT!
HÖCHSTENS – FÜR DIE PHILISTER!

Nicht bei Trost

Tröstet die Kleinmütigen ...

1. Thessalonicher 5,14

ABER VIELLEICHT IST DAS EINE STRAFE FÜR DEINEN FRÜHEREN LEBENSSTIL.
SIEHST DU NICHT, DASS ALLES TEIL EINES GÖTTLICHEN PLANS IST?
ERSCHEINT DIR JETZT DEIN UNGLÜCK NICHT VIEL ERTRÄGLICHER?
BEI SOLCHEN TRÖSTERN BRAUCHST DU NICHT MAL EINE KRANKHEIT, UM DICH ELEND ZU FÜHLEN...

In jedem schlummern unerkannte Gaben

Ich will dir lobsingen unter den Leuten.

Psalm 57,10

AUF DAS GEWISSE ETWAS KOMMT ES AN, DAS MAN NICHT SO HAARSCHARF DEFINIEREN KANN ?
4
5
VIELLEICHT LIEGT ES GAR NICHT AN DEN WORTEN SELBST, SONDERN AM SATZRHYTHMUS ... ?
6
MMM. - GOTT IST BESTIMMT NICHT ALLZU KRITISCH ... WENN NUR DIE LEUTE NICHT WÄREN!

Die Friedensmacher

Sie kennen den Weg des Friedens nicht …
Jesaja 59,8

UND IM ZUGE DER ENTSPANNUNG VERLIERT DANN AUCH FIDO JEGLICHES VERLANGEN, DICH ZU JAGEN.
4
STIMMT'S, FIDO?
5
6
WOOF
GRRRH
GRRRRH
7
Peace
8
HUNDE SIND SCHLECHTE VERHANDLUNGSFÜHRER!

Im Prinzip ja

Sie werden ihre Schwerter
zu Pflugscharen machen …
Micha 4,3

4
ICH BIN STOLZ AUF DICH! GESTEN WIE DIESE WERDEN AUCH MEINE ANDEREN GESCHÖPFE BEEIN-DRUCKEN, DIE PHILISTER.
5
DIE PHILISTER!! ABER ICH DACHTE, DIE HÄTTEN BEREITS IHRE SCHWERTER ZU PFLUGSCHAREN GEMACHT!
6
SCHMIEDE
EINE SEKUNDE, HERR!
7
MAN SOLLTE SEINER ZEIT AUCH NICHT ZU WEIT VORAUS SEIN.

Allein mit Gott

Wohin soll ich fliehen
vor deinem Angesicht?
Psalm 139,7

DABEI HATTE ICH GEHOFFT, ICH KÖNNTE MEINE GEBETSZEIT HEUTE MORGEN EIN WENIG ABKÜRZEN...

Lichte Momente

Wenn ich auch darniederliege,
so werde ich wieder aufstehen.
Micha 7,8

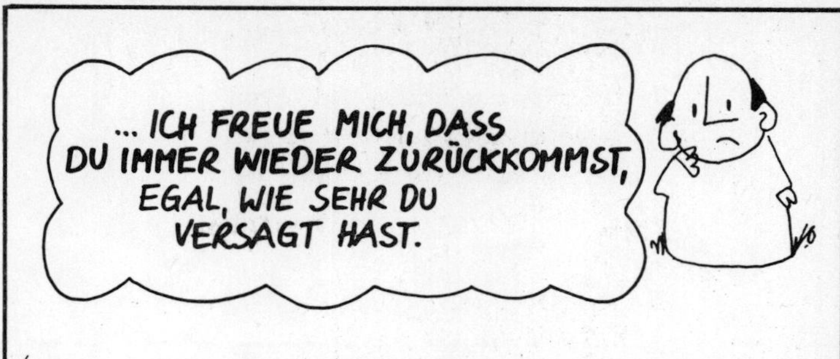
... ICH FREUE MICH, DASS DU IMMER WIEDER ZURÜCKKOMMST, EGAL, WIE SEHR DU VERSAGT HAST.

6

STECK DIR EINE BLUME INS KNOPFLOCH, UND MACH DICH WIEDER AUF DEN WEG.

7

8

UND ICH DACHTE SCHON, ER REDET NICHT MEHR MIT MIR!!

Adresse unbekannt

Kein Sperling fällt auf die Erde,
ohne daß euer Vater es wüßte ...
Selbst eure Haare auf dem Haupt
sind bei Gott alle gezählt.

Matthäus 10,29–30

PHANTASTISCH! ABER HIER IST EINE BESONDERS SCHWERE ADRESSE: EMILY JUSTIANE MARTINELLO, SCHWARZKÜPPELWEG 2a
DU KENNST SIE *NICHT*? DA BIN ICH ABER ÜBERRASCHT!
NUN JA, KEINER VON UNS KANN ALLES WISSEN...
UNTER UNS. ER HAT RECHT. DIE LETZTE ADRESSE HABE ICH SCHNELL ERFUNDEN!

Fehler sind Chancen

Seid allesamt mitleidig, brüderlich …

1. Petrus 3,8

ES KOMMT VIELMEHR DARAUF AN, WIE DU DICH HINTERHER VERHÄLTST. WAS DU JETZT TUST, IST VIEL WICHTIGER.
5
MACHT DICH DAS MISSGESCHICK UNGENIESSBAR UND VERBITTERT...
6
...ODER WIRD DEIN LEBEN DADURCH REICHER, DASS DU VERSTÄNDNIS UND MITLEID GEWINNST FÜR DIE FEHLER ANDERER MENSCHEN?
7
WENN DU ES SO SIEHST, KANNST DU GOTT SOGAR FÜR DIE SCHERBEN DANKEN UND SAGEN: „WIE FROH BIN ICH, DASS ICH DARAUS SO VIEL SEGEN FÜR DIE ZUKUNFT GEWINNEN DARF!"
8

ABER ES WAR JA GAR NICHT MEINE FLASCHE, BARNABAS. ICH BIN DOCH SO TRAURIG, WEIL ES *DEINE* FLASCHE WAR UND DU JETZT KEINE MILCH ZUM FRÜHSTÜCK HAST.
9

AAAAAH

Ein ganz neues Kapitel

Darum richtet nicht vor der Zeit.

1. Korinther 4,5

SO, UND NUN WERDE ICH DIE GESCHICHTE NEU SCHREIBEN. UND ZWAR RICHTIG!
Oh nein!
MIR SCHEINT, MEINE EIGENE GESCHICHTE IST AUCH NICHT BESSER...

Gott in der Natur

Die Erde ist des Herrn
und was darinnen ist.
Psalm 24,1

Ganz durchdrungen

Die Erde ist voll der Güte des Herrn.

Psalm 33,5

JEDE BLUME
IST FÜR MICH
EINE PREDIGT.
UND JEDE PFLANZE UND JEDER BAUM
SIND EIN ZEICHEN DEINER LIEBE.
ES TUT MIR LEID, HERR,
ICH WEISS AUCH NICHT, WIE DAS KOMMT...
ABER MANCHMAL WERDE ICH
MITTEN IN DER PREDIGT SO MÜDE.

Ich – das große unbekannte Wesen

Er weiß, was für ein Gebilde wir sind.

Psalm 103,14

KOMISCH, BARNABAS, *ICH* KENNE DICH ABER HAARGENAU. UND DABEI HABE ICH DICH ERST SIEBEN ODER ACHT MAL GESEHEN.
5
6
DU BIST EIN KLEINES TÖNNCHEN, DAS IMMER DICKER WIRD. DU MAGST TIERE UND VERSTEHST DIE WELT NICHT MEHR, WENN DIR ETWAS NEUES BEGEGNET.
7
DU HAST OFT EINE LANGE LEITUNG, UND WENN'S BRENZLIG WIRD, KANN MAN SICH NICHT AUF DICH VERLASSEN, AUCH WENN ES DIR NACHHER LEID TUT.
8
EIGENTLICH WÄRE ICH LIEBER RÄTSELHAFT UND UNDURCHSCHAUBAR GEBLIE= BEN...

Ich sehe das ganz anders

Darum ermahnt euch untereinander,
und einer erbaue den andern.
1. Thessalonicher 5,11

DAS STIMMT NICHT, BARNABAS...
4
ICH BIN OFT HIER. UND ICH KENNE SIE ALLE.
5
KEINE BLUME IST ÜBERFLÜSSIG IN MEINEN AUGEN. FÜR MICH IST JEDE SO VIEL WERT, ALS WÄRE SIE DIE EINZIGE AUF DER WELT.
6
ES TUT MIR LEID. DARAN HABE ICH NICHT GEDACHT.
7
KOMISCH, SONST HAT ER IMMER TAUSEND EIN= WÄNDE, WENN ICH ETWAS SAGE.
8.

Der liebe Mitmensch

Ich aber sage euch: Liebt eure Feinde ...

Matthäus 5,44

Ansteckend

Jesus streckte seine Hand aus und rührte ihn an.

Matthäus 8,3

Genau richtig

Er soll Johannes heißen.

Lukas 1,63

JOHANNES IST WAHRSCHEINLICH DER EINZIGE NAME, MIT DEM MAN KEINEN UNFUG TREIBEN KANN.
6
ICH BIN FROH, DASS WIR IHN JOHANNES GENANNT HABEN.
7
HE, JOHANNES DER TÄUFER!!
8
HABEN WIR IRGEND ETWAS FALSCH GEMACHT?
9

Aufenthalt

Ein Samariter aber, der auf der Reise war ...
Lukas 10,33

4
DIE WEGELAGERER STELLEN SOLCHE FALLEN, NUR DAMIT EINER ANHÄLT. ICH KENNE MICH DA AUS!
5
UND AUSSERDEM – ER IST BESTIMMT LÄNGST TOT.
6
NEBENBEI BEMERKT, HERR: WENN ICH BEI JEDEM UNFALL AM STRASSENRAND HELFEN WOLLTE, KÄME ICH *NIE* IN JERICHO AN.
7
UND AUSSERDEM: WARUM GERADE ICH?

8
ICH FINDE
DAS UNGERECHT!
9
SO VIELE LEUTE SIND AUF DIESER STRASSE
UNTERWEGS – UND DIE MEISTEN HABEN
BESSERE ESEL.
10
MIT EINEM SCHNELLEREN ESEL
IST ER VIEL FRÜHER IN DER HERBERGE!
11
ACH, HERR. WARUM NICHT MAL EIN ANDERER?
WARUM IMMER ICH?

12
SCHON GUT, HERR!
13
JERICHO
14
MANCHMAL KANN MAN MIT IHM
WIRKLICH NICHT VERNÜNFTIG REDEN.

Hör mal zu, lieber Gott

Euer Vater weiß,
was ihr bedürft, bevor ihr ihn bittet.
Matthäus 6,8

4
DAS WÄR'S, ANDREAS. WIE GEFÄLLT ES DIR?
ABSOLUT GROSSARTIG!
5
ZU!
6
VIELLEICHT HAST DU VERGESSEN, AMEN ZU SAGEN...
7
DIESMAL WIRD ES MIR GELINGEN!

8

Oh, Herr, nimm gnädig an das Gebet
deines Knechts. Wir flehen dich an,
du mögest das Tor öffnen,
auf dass wir eintreten. Schliesse die Tür auf,
so werden wir eingehen,
ziehe den Vorhang hinweg,
so werden wir dein Antlitz schauen.

9

10
O HERR,
MACH DOCH BITTE
DIE TÜR AUF!!
11
12

Wie schön ich beten kann!

Wenn ihr betet, so sprecht: Vater! …
Lukas 11,2

4
SPRICH GANZ NATÜRLICH MIT IHM, SO, WIE DU ES MIT MIR TUST.
5
SEI GANZ DU SELBST, THOMAS, DU KANNST FREI VON DER LEBER WEG SAGEN, WAS DU AUF DEM HERZEN HAST.
6
HALLO JESUS, KANNST DU NICHT DEN OLLEN BARNABAS WEGSCHICKEN? DU WEISST, ICH HASSE SEINE RATSCHLÄGE.
7
ES SPRICHT DOCH MANCHES FÜR ETWAS MEHR WÜRDE UND HALTUNG BEIM GEBET.

Nachlaßverwaltung

Ich gebe mich selbst für das Leben der Welt.

Johannes 6,51

UND SELBST DIESE ARMSELIGEN KLAMOTTEN HABEN DEINE SCHARFRICHTER UNTER SICH AUFGETEILT.
4
ABER DU HAST GESAGT, DASS DU DEIN LEBEN FÜR DIE WELT GEGEBEN HAST.
5
NICHT NUR FÜR PETRUS UND MARIA MAGDALENA ODER FÜR NAHE FREUNDE.
6
NEIN, AUCH FÜR PILATUS UND KAIPHAS, DIE JUDEN, DIE HEIDEN UND SOGAR FÜR MENSCHEN, DIE NOCH GAR NICHT GEBOREN SIND.
7

ICH FÜRCHTE, DAS ERFORDERT EINIGES AN ARBEITSKAPAZITÄT UND NIMMT MEHRERE TAUSEND JAHRE IN ANSPRUCH.
8
ABER ES WIRD NOCH LÄNGER DAUERN...
9
WENN ICH MICH NICHT SELBST AUCH AUF DEN WEG MACHE UND ES IHNEN SAGE.
10

Bitte deutlich und in Druckbuchstaben

Wer sagen die Leute,
wer des Menschen Sohn sei?
Matthäus 16,13

4
SÜNDERN VERGEBEN,
SEINE FEINDE LIEBEN,
KLEINE KINDER ZU SICH RUFEN...
5
DIESE FRAGEBOGEN SIND WIRKLICH EINE ZUMUTUNG!
6
ICH BEFÜRCHTE NUR...
AM ENDE BEGREIFEN SIE DOCH NICHT, WER ER IST.

Felsenfest

Petrus aber,
voll des Heiligen Geistes,
sprach zu ihnen . . .
Apostelgeschichte 4,8

Bitte nicht so simpel!

Wenn ihr nicht werdet wie die Kinder ...

Matthäus 18,3

ODER EIN THEOLOGISCHES BUCH SCHREIBEN ODER WENIGSTENS IRGEND ETWAS MUTIGES ODER DRAMATISCHES ODER AUSGEFALLENES TUN!
ES IST EINFACH **ZU** SIMPEL!
ANDERERSEITS IST LEPRA EINE UNHEILBARE KRANKHEIT, MIT DER SICH DIE MEDIZIN-PROFESSOREN SCHON SEIT JAHRHUNDERTEN VERGEBLICH HERUMSCHLAGEN.
GEHEILT!
DIE NÄCHSTE UNHEILBARE KRANKHEIT, DIE ICH BEKÄMPFEN MUSS, IST MEINE ABNEIGUNG GEGEN DAS EINFACHE.

Ganz wie Jesus wollte

Wenn du eingeladen bist,
so geh hin und setze dich untenan.
Lukas 14,10

"...GEH UND SETZ DICH ANS OBERE ENDE DES TISCHES."
ICH SEHE ES SCHON VOR MIR: DIE BEGRÜSSUNG, DIE TISCHREDEN, KÖSTLICHE PASTETEN, AVOCADOS - ALLES VOM FEINSTEN.
DA IST ER JA! HALLO, JESUS, HIER BIN ICH! AM UNTEREN TISCHENDE. GANZ, WIE DU GEWOLLT HAST.

UND ICH WARTE SCHON, DASS ICH MICH ANS OBERE ENDE SETZEN DARF, WIE DU SAGTEST.
DANKE, JESUS! JCH WERDE DIREKT NEBEN DIR SITZEN, WENN ICH DARF. DAS HABE ICH MIR IMMER GEWÜNSCHT.
JA, DAS DARFST DU. ÜBRIGENS, EINE KLEINIGKEIT...

ICH SITZE GAR NICHT AM TISCH.
ICH WARTE AM EINGANG
UND WASCHE DEN LEUTEN DIE FÜSSE.

Schön der Reihe nach

Wenn jemand will der Erste sein,
der soll der Letzte sein ...
Markus 9,35

4
AH, JETZT SCHLIESST JESUS DIE TÜR AUF.
WIE BEGEISTERT WIRD ER SEIN,
MICH ZU SEHEN!

5
JA, DAS STIMMT, BARNABAS.
ABER WARTE EINEN AUGENBLICK...

6
... DIESE ARMEN GESTALTEN DA HINTEN SIND
GERADE ERST GEKOMMEN, UND DU WEISST
DOCH, WIE EINEM DANN ZUMUTE IST.

7
WENN ICH NICHT SOFORT ZU IHNEN GEHE, FÜHLEN SIE SICH EINSAM UND UNERWÜNSCHT.
8
DAS IST AUCH ETWAS, DAS MIR AN JESUS NICHT PASST:
9
ER STELLT SICH IMMER AUF DIE FALSCHE SEITE!

Geliebte Probleme

Meister, wer hat gesündigt,
dieser oder seine Eltern,
daß er blind geboren ist?
Johannes 9,2

VIELLEICHT IST ER AUCH KURZSICHTIG, ODER SEIN GLEICHGEWICHTSSINN IST GESTÖRT. DANN WÄREN SEINE ERBANLAGEN SCHULD...
ACH, DA KOMMT JESUS. ER WEISS BESTIMMT DIE RICHTIGE ANTWORT.
ICH KANN EUCH GENAU SAGEN, WARUM HANS IN DIESES LOCH GEFALLEN IST.

ER IST HINEINGEFALLEN, DAMIT ICH IHN HERAUSZIEHE.

ICH FINDE, JESUS HAT EINE MERKWÜRDIGE ART, THEOLOGISCHE PROBLEME ZU LÖSEN!

Ein ganz gewöhnlicher Sonntagmorgen

Ihr seid meine Freunde.

Johannes 15,14

AUSSERDEM HABEN SIE EINEN LANGEN HEIMWEG, UND SIE WOLLEN NUR VIER STUNDEN BLEIBEN.
ICH MAG SIE AUCH NICHT ALLEIN LASSEN. DAS WÄRE UNHÖFLICH.
ABER MICH WILLST DU ALLEIN LASSEN. DABEI VERMISSE ICH DICH MEHR ALS SONST IRGEND JEMAND.

UND WENN DU NICHT DA BIST, SCHAUE ICH STÄNDIG AUF DEINEN PLATZ UND FRAGE: WO IST BARNABAS? ES IST NICHT SCHÖN, WENN BARNABAS NICHT DA IST!
UND VERGISS NICHT: ICH BIN SOGAR VOM HIMMEL GEKOM= MEN, UM DICH ZU BESUCHEN.
NA GUT, HERR.
ICH WILL DOCH EINE ALTE FREUNDSCHAFT NICHT AUFS SPIEL SETZEN.
GOTTES- DIENST

Liebe Gemeinde

Ich ermahne euch, liebe Brüder,
laßt keine Spaltungen unter euch sein.
1. Korinther 1,10

IM GEGENTEIL: WIR LEBEN SO EINMÜTIG ZUSAMMEN WIE EINE EINZIGE FAMILIE...
LIEBE GRÜSSE!
BARNABAS"
FERTIG!
WAS MEINST DU MIT:
„LIEBE GRÜSSE, BARNABAS"?

WARUM NICHT AUCH MAL:
„LIEBE GRÜSSE, STEPHANUS"?
CRISPUS!!
GAJUS!

WEIA!

O dieser Paulus!

Durch Gottes Gnade bin ich,
was ich bin.
1. Korinther 15,10

5
JESUS IN MIR HAT MEINE SCHWÄCHE IN STÄRKE VER= WANDELT, UND DURCH MEINE MÄNGEL KANN **ER** SICH VERHERRLICHEN.
6
ICH WAR IN MALTA, GRIECHENLAND UND ITALIEN. UND ICH WOLLTE SOGAR NACH SPANIEN REISEN!
7
NICHTS DAVON KANN ICH MIR SELBST ZUSCHREIBEN. ALLES IST GOTTES WERK.
IHM SEI DIE EHRE!
8
ICH WEISS NICHT, WAS MIR AN PAULUS MEHR AUF DIE NERVEN GEHT: SEINE DEMUT ODER SEINE ARROGANZ?

Herzenswünsche

Trachtet zuerst nach dem Reich Gottes ...

Matthäus 6,33

... IST ETWAS ZUCKER
FÜR MEINEN TEE.
DIE PRIORITÄTEN MÜSSEN
SCHLIESSLICH STIMMEN!

Heilige Entschlüsse

Was wahrhaftig, ehrbar,
gerecht, rein, liebenswert ist …,
darauf seid bedacht.
Philipper 4,8

TATSACHE!
MEIN LEBEN IST VÖLLIG ABGESICHERT GEGEN FEHLER IM DENKEN, REDEN ODER HANDELN.
BIFF
BANG
WALLOP
MANCHMAL FÄLLT ES SOGAR JESUS SCHWER, HEREINZUKOMMEN.

Der K(r)ampf

Christus in euch,
die Hoffnung der Herrlichkeit.
Kolosser 1,27

4 WENN DU IMMER NUR DICH SELBST ANSCHAUST, KANNST DU DICH SELBST NIEMALS VERGESSEN. DU MUSST JESUS ANSCHAUEN.
5
WENN DU JESUS ALS DIE NUMMER EINS IN DER WELT SIEHST UND WENN DU IHN IN ANDEREN MENSCHEN SIEHST,
6 DANN KANNST DU IHN AUCH IN DIR UND DEINEM LEBEN ENTDECKEN, UND DU LERNST ECHTE DEMUT.
7
KANN ICH WIRKLICH JESUS IN MIR SEHEN?
8
ICH HÄTTE NIE GEDACHT, DASS ICH SO GUT AUSSEHE!

Wie geht's denn so?

Laßt uns aufsehen zu Jesus ...

Hebräer 12,2

DU SOLLTEST DICH NIE MIT DIR SELBST VERGLEICHEN.
DU MUSST DICH AN JESUS MESSEN.
OB PAULUS WOHL AUF JEDEN EINE SOLCHE WIRKUNG HAT?

Spieglein, Spieglein

Christus ist uns gemacht
zur Weisheit und zur Gerechtigkeit
und zur Heiligung und zur Erlösung.
1. Korinther 1,30

UND WENN DU VERSUCHST, DICH ZU ÄNDERN, DREHST DU DICH NOCH STÄRKER UM DICH SELBST.
DA HILFT NUR EINS: SCHAU NICHT MEHR NUR AUF DICH! SONDERN AUF JESUS. NUR ER KANN DICH ÄNDERN!!
DER SCHÖNE SPIEGEL! VIELLEICHT HÄTTE ICH DAS LETZTE DOCH NICHT SAGEN SOLLEN.

Erwartungen

Darum seid auch ihr bereit!
Denn der Menschensohn kommt zu einer Stunde,
da ihr's nicht meint.
Matthäus 24,44

4
WENN ER WIEDERKOMMT, WIRD ER IN DER GANZEN SCHÖPFUNG ANWESEND SEIN - NICHT NUR IN DEINEM WOHNZIMMER.
5
ER HAT BESIMMT KEIN INTERESSE, SICH IN DEIN GÄSTEBUCH EINZUTRAGEN.
6
ABER ICH MERKE SCHON, DU BIST GANZ TRAURIG. STATT DESSEN WERDE ICH MICH IN DEIN BUCH EINTRAGEN.

7
SO!
8
9
ICH WEISS NICHT! „HANS MÜLLER, HAUPTSTRASSE 88"
IST SCHON EINE ERNÜCHTERUNG, WENN MAN
DEN KÖNIG DER KÖNIGE ERWARTET HAT!

Inhalt

Weitere heiter-nachdenkliche Bücher
aus dem Brunnen Verlag

Dieter Theobald

Christen sind auch nur Menschen

Dieters E-Mails: witzig, würzig, allzu wahr

112 Seiten, Taschenbuch
Bestell-Nr. 3-7655-3641-5

Dass Christen „auch nur Menschen" sind – muss das extra betont werden? Nun, es soll ja vorkommen, dass in frommen Kreisen so herzhaft über „die böse Welt" geschimpft wird, dass darüber die eigenen Schwächen und Verrücktheiten völlig übersehen werden. Es soll Christen geben, die so „geistlich" sind, dass sie in dieser Welt hier unten fast deplaziert wirken. Und es soll Gemeinden geben, in denen Traditionen so unantastbar sind, dass die Gemeindeglieder an Staublunge leiden ...
Dieter Theobald hält Christen in den kurzen, kecken Beiträgen dieses Buches humor- und auch liebevoll den Spiegel vor. Er tut dies als Insider, der dazugehört und aus eigener Erfahrung weiss, wie sehr es unter Gottes Bodenpersonal immer wieder „menschelt".

Russell Stannard

Hallo! Ist da oben jemand?

Oder: Was ich schon immer über Gott wissen wollte

96 Seiten, Taschenbuch
Bestell-Nr. 3-7655-3639-3

Hallo! Ist da oben jemand? ist das ultimative Buch für jeden, der wenigstens ein bisschen an der „großen Leere" um uns herum zweifelt. Eine vergnügliche Reise durch die Welt der Bibel mit dem Physiker Russell Stannard, die im Heute längst noch nicht aufhört. Denn – war da nicht gerade jemand?

Philip Baker

Alles wäre nicht so schwer... Wenn nur der andere anders wär!

120 Seiten, Taschenbuch
Bestell-Nr. 3-7655-3677-6

Eine äußerst amüsante Charakterstudie über die weit verbreiteten Prägungen und Einseitigkeiten gewisser Christen. Und eine liebevolle Aufforderung zur Ausgewogenheit. Unterhaltsam und mit viel Liebe geschrieben.
„Lustig, tiefgründig, und überhaupt: Was für eine gute Idee! Ich wünschte bloß, ich wäre selbst darauf gekommen!"
Adrian Plass